I0471416

Guía Hágalo Usted Misma(o)

PASO A PASO:

Estrategia de mercadeo de su libro electrónico (ebook)

LaeBookeria.com

1era Edición

@2012 Editorial: La Ebookería

Todos los derechos reservados

Berlín - Alemania

Autor: Fabián Rueda

Director agencia de publicidad online SEOistas.com

Portada / Ilustraciones: Carola Jacobs (pagina web)

Síguenos en: Twitter – Facebook – Google+ – Tuenti

Índice

El horno de libros – y de sueños

Con La eBookeria se ha creado un proyecto que conjuga el poder de la autopublicación – y la disponibilidad de las herramientas que lo posibilitan – con la experiencia profesional en mercadeo, especialmente Internet Marketing, necesaria para hacer de un libro un proyecto concreto, vivo y exitoso.

Más allá de ser una editorial digital, trabajando con un equipo de autores, publicando y creando estrategias para llevar sus obras a sus potenciales lectores (junto con el desarrollo de cursos online) nos hemos dado a la tarea de ofrecer nuestros conocimientos a todos aquellos que sueñan con tomar el proyecto de su vida en sus manos, y desean tener el control de todo el proyecto. .

Hemos publicado una guía HUM (hágalo usted mism@) siguiendo la filosofía de la autopublicación. El conocimiento se adquiere de dos maneras; con el aprendizaje a través de expertos, sea mediante un curso o la *literatura* que este experto ofrece, y la *experiencia*. Con este libro intentamos transmitirle estos dos elementos en un orden cuasi lineal; el conocimiento necesario, junto con consejos basados en nuestra experiencia, construido linealmente, *una guía paso a paso*.

Tome este libro y siga uno a uno de los elementos que le mostramos, analícelos, pongalos en práctica, y evalúe las alternativas que le ofrece frente a la estrategia que hasta ahora habia definido. Si no había definido una estrategia, es momento de que lo haga, minutos después de leer este libro. Por último recuerde que es un camino largo, con ciertas barreras, pero que con perseverancia y La eBookeria logrará sus objetivos. No olvide, *perseverancia, paciencia y trabajo*. Y en caso de dudas, La eBookeria *;)*

Introducción

Llevar sus obras a su público libro es su sueño – y el ayudarle el nuestro, por eso hemos creado esta guía. Las redes sociales, en la boca de todos, son una gran herramienta de trabajo pero igualmente puede ser su perdición si no respeta ciertas reglas, y sobre todo, si deja que consuma el recurso más preciado con el que cuenta; *su tiempo*.

Su plataforma de autor, que información debe proveer en su página de autor, que herramientas son las mejores; un blog, una página, que sistema tiene a su disposición. *¿Cómo ubicar su página web en las primeras páginas de los buscadores? ¿Qué son palabras claves y como deben ser evaluadas en el caso de un libro electrónico? ¿Cómo crear una campaña de publicidad en Facebook o en Google? ¿Cómo aplicar una estrategia de Long Tail keyword? ¿Palabras claves negativas? ¿Herramientas de E-mail marketing gratuitas? ¿Y fuera de la red, como puedo publicitar mi libro?*

La eBookeria le ofrece una gran cantidad de alternativas para desarrollar su campaña de mercadeo en la web – e incluso fuera de ella. Y lo más importante, le recuerda constantemente que su autenticidad es su mejor baza. No intente crear un personaje diferente a usted. Sea auténtico, que las herramientas adicionales que requiere para transmitir esa autenticidad se las ofrece este libro.

Adelante...

I: Decore su casa

La primera impresión puede ser la llave de entrada al éxito de sus obras - o el inicio del final – tal como en las relaciones interpersonales; durante una entrevista de trabajo, en un intento de conquista, en la presentación en vivo de un grupo musical. Es inevitable que la apariencia y lo que ella transmite funcione para el ser humano como una especie de herramienta de protección para aceptar o descartar las personas – y productos – que pasan por su vida.

Independientemente de la naturaleza de su obra, usted como escritor(a) presenta algo especial; conocimiento, la prosa, una historia o un método. Y una de las claves para el lector – o si desea llamarle, cliente – acceda a participar de su historia es que confíe en usted, que acepte ese "algo especial".Y la primera clave es dejar una buena primera impresión; así que llego la hora de decorar su casa. Empecemos por *diseñar las "habitaciones de su casa"*

Habitación 1; su página de autor

Casi la totalidad de las plataformas de venta y distribución de libros electrónicos (Amazon, iBooks para nombrar algunas) le ofrecen un espacio muy valioso para complementar su oferta; la página del autor.

Es un espacio en la plataforma, muy similar a los perfiles en las redes sociales, donde puede incluir información personal, enlaces e información complementaria; en ciertos casos hasta videos y podcast.

Es un tesoro - y totalmente gratis. La razón; le concede un espacio en estos portales, que invierten millones en publicidad y en la optimización de su ubicación en buscadores, algo que no es precisamente barato.

Observe cuando ingresa al buscador de su elección (Google, Bing, Yahoo), e independientemente del tema o término que busque siempre aparecen vínculos a libros en estas plataformas. Además, son muy sencillas de editar, y poseen gran calidad en su diseño.

¿Qué información debo publicar?

Es difícil para nosotros, desde la distancia, recomendarle "que información" debe mostrar (si desea una opinión, comuníquese con nosotros). Depende del tipo de obra que haya creado, de su formación e incluso de su personalidad.

Pero si está a nuestro alcance mencionar que información "*NO debe*" ingresar.

Información personal

Presentar su vida privada como una herramienta o "anzuelo" para añadirle interés a su obra no es recomendable; exceptuando biografías y o historias familiares. Esta información, más que ofrecer atractivo, puede transmitir cierta arrogancia; "*yo escribo por que yo soy especial*".

Sin embargo, es importante recolectar esos detalles de su vida privada y profesional que transmitan esas competencias que posee y que están relacionadas con la obra. Nos referimos a aquellos aspectos que demuestren que posee la experiencia y conocimientos suficientes para escribir sobre el tema, aumentando su credibilidad autor(a).

1. ¿Mi origen, mi fecha de nacimiento o datos sobre mi árbol genealógico son relevantes en la obra? La respuesta sería afirmativa si se trata de una novela con rasgos autobiográficos o históricos. Evite extenderse en el caso que su obra desarrolle temas técnicos, de mercadeo o temas de autoayuda.

2. ¿Qué relevancia tiene mi formación académica en comparación a mis experiencias de vida? Información sobre los lugares donde ha residido pueden ser interesantes en el caso de una novela, o un libro sobre temas, por ejemplo, técnicas de meditación. En el caso de libros técnicos toma relevancia su formación académica.

3. ¿Debo presentar mi creatividad? Todo poeta y escritor lírico caerá en la tentación de presentar su creatividad en su página de autor. Le recomendamos que lo intente, sea el tipo de obra que sea, pero con cuidado. Un texto de baja calidad puede generar el efecto contrario al deseado. Cite su obra; usted ha invertido el tiempo suficiente en ella, y sabe de su calidad.

Evite extenderse demasiado; le recomendamos que limite su presentación a unos tres (3) párrafos. Si es posible, presente esa corta biografía a terceras personas, y ponga atención a sus opiniones. La intención es dejar una buena impresión, sin caer en la falsa humildad. Su credibilidad será puesta a prueba en base a los datos que presente, así que no cometa el error de exagerar su imagen.

Enlaces

Estos perfiles personales usualmente reservan un espacio para enlaces externos (links). Es importante aprovechar esta oportunidad, y ofrecerle a sus potenciales lectores acceso a otras **habitaciones en su casa** – su página personal o blog, perfil en redes sociales, - o a sus canales de comunicación (páginas de fans en <u>Facebook</u>, <u>Twitter</u>, Podcasts o su canal en Youtube) – sobre los cuales encontrará información un poco más adelante.

Es importante no exagerar – agregar 10 enlaces puede parecer incrementar las probabilidades de contacto, pero su perfil pierde presencia profesional, y se convierte en un simple panfleto.

En el caso que la plataforma de autor no contemple espacio suficiente para toda su presencia web, es posible si esta lo permite, agregar alguno de sus enlaces en formato HTML en el campo de texto donde ha escrito su corta biografía. Si usted ingresa el enlace (<u>http://twitter.com/laebookeria</u>) en el campo de texto, no necesariamente será presentado como un enlace activo (típico enlace en color azul, subrayado).

Intente agregar esos enlaces sobrantes al final de su biografía. Guarde la información, y verifique si puede pinchar sobre esos enlaces. De lo contrario, debe volver a editar el campo de texto, e ingresar el enlace en formato HTML. A menos que en el campo de texto, usualmente en la parte superior, la prohibición de agregar código HTML. Si es así, olvide el código, e ingrese los enlaces en formato texto.

Copie la siguiente línea en el campo de texto:

<A HREF="http://supagina.com" TARGET="_blank">el texto que desea</A>

Posteriormente debe ingresar la información de su enlace, con cuidado; cualquier mínimo error dejará el enlace inactivo. Sustituya el URL ***http://su pagina.com*** por su enlace, evitando borrar las comillas, sin dejar espacio antes o después de las mimas.

Suplante el texto *el texto que desea* por el texto que desea presentar como enlace activo. Al guardar la información, usted verá ese texto como enlace activo. Le recomendamos una frase tal como "visite nuestra página de fans" (sin las comillas).

El elemento ***TARGET="_blank"*** permite que el enlace sea abierto en una nueva página, evitando que el visitante pierda acceso a su página de autor.

Por último, asegúrese de publicar solo los enlaces que ha configurado por completo, especialmente aquellas cuentas de redes sociales que ya cuenten con cierto contenido. Enviar a un visitante de su página de autor a una página en construcción, o una página de fans de Facebook con solo 10 fans, puede perjudicar su imagen.

¿Cómo diseñar mi presencia web?... siga con nosotros.

Habitación 2; su página privada

A pesar de lo poderosa que puede significar para su presencia en los buscadores su perfil como autor, y de lo intensivo en recursos que sería lograr esa ubicación con su página privada, es VITAL el contar con ella. Es un complemento muy importante, sobre todo por que le permite darle un toque personal a su presencia web, con diseño propio. Aquí puede usted dejar volar su imaginación, creatividad y habilidad artística, haciendo de su página web no solo su carta de presentación sino su llave de entrada al gusto de sus potenciales lectores. La belleza en el diseño, los comentarios, su historia, sus amigos; son elementos que llevarán al potencial lector a entenderle y apreciarle, y a sus admiradores mantener el contacto, y estimular a otros a adquirir su obra.
IMPORTANTE: Una página web mediocre deja precisamente esa impresión en sus visitantes; no dude que el potencial lector juzgará su dedicación y profesionalismo.

Presupuesto limitado

Existen numerosos servicios que le permitirán contar con una página personal, sin tener que pagar por este servicio. La desventaja; publican publicidad en la mayoría de los casos, lo que para muchos potenciales lectores puede transmitir "energías" negativas. Pero más allá de la presencia de publicidad (algo muy común por estos días) es el contenido que presente y el diseño…
Aquí mencionaremos las características de nuestros servicios recomendados, y como puede disminuir el efecto de esa "energía" negativa:
La gran mayoría de estos servicios pueden definirse como webblog, o popularmente llamados "blogs" – aunque al día de hoy, la diferencia entre un blog y un página web es muy sutil. Usando un sistema de blogs puede usted lograr, sin mucho esfuerzo – pero con el conocimiento – construir una especie de página web personal.
La diferencia principal de estas estructuras radica en la forma de presentar la información. Una página web posee páginas estáticas – transmiten información atemporal, válida por un largo período de tiempo – por ejemplo la lista de servicios de una empresa, las condiciones de privacidad de un servicio o la información de contacto. Un blog presenta extractos de artículos que han sido publicados, en serie consecutiva, cuya información es temporal; tiene validez durante un período corto de tiempo. Por ello es el medio ideal para comunicarse con los lectores, discutiendo sobre temas relevantes o novedades de su obra. Un blog equivale a "conversar" con sus lectores, una página web "presenta información".
Esto ha llevado el desarrollo de ofertas combinadas – el uso de servicios de blog, en mucho casos gratuitos, que le permiten al autor comunicarse con sus potenciales lectores (y mejorar su presencia en los buscadores) con el uso de páginas web, con información estática, que usualmente exigen una pequeña inversión, pero permiten mayor flexibilidad en el diseño.

El "coste" de estos servicios es intangible; el tiempo. Un recurso dorado, no renovable ni deducible de impuestos. "El que mucho abarca, poco aprieta" – sin embargo en el aparte Herramientas le ofrecemos ciertas alternativas para manejar la mayor cantidad de redes sociales y blogs posibles.

Estrategia de publicación para Blogs

Usted ha desarrollado una obra en la que ha invertido tiempo, nervios e incluso dinero. Ha llegado a la conclusión que está lista para presentarla a su público... y pensará, ¿"debo seguir escribiendo"? --- no necesariamente (aunque no nos sorprendería que sea su pasión).

En este momento nos referimos a la posibilidad de "Bloguear su libro". La naturaleza de los blogs nos lleva a la publicación continua y constante de textos, relacionados con un tema logrando la atención del lector, y permitiendo que potenciales lectores interesados en temas relacionados le encuentren a través de los buscadores.... No olvide que usted a escrito un libro y sobre el debe escribir.

..... Para "bloguear un libro" la clave es tomar los aspectos relevantes que usted le presenta al lector. Por ejemplo, en el caso que su libro ofrezca soluciones, sería válido el publicar artículo que refieran a los problemas, y sus consecuencias; por ejemplo la obesidad, relacionado con un libro de nutrición.

En el caso de una novela, existe una historia general que usted ha presentado en el prólogo... sus artículos pueden describir uno a uno a los caracteres, su relación con los demás personajes, y tal vez la descripción del ambiente....

Usted ya ha escrito el texto – solo debe seleccionar esos datos que pueden ser un elemento "atractivo", que como buen escritor debe tener identificados, y modificando sutilmente el texto genere artículos o "posts" no más extensos de 250 palabras, y de esta manera tener una frontera definida, limitando la cantidad de información que está transmitiendo. Al final usted desea ofrecerle a su lector información, que al mismo tiempo le motive a adquirir su libro.

Por último, evite textos evidentes como "compre mi libro", "la respuesta en el libro" o "ayúdeme a ayudarle"... usted le proporciona información al potencial lector que de esta manera puede evaluar su capacidad y generar confianza. Si su contenido, el diseño de su presencia web y su lenguaje es el correcto, es evidente que tomará la decisión de adquirir su obra. Mensajes evidentes generan el efecto contrario – piense usted mismo en aquel que le ofrece ayuda, y después intenta cobrarle un servicio que usted no ha solicitado.

Adicionalmente le recomendamos que intercale los artículos de contenido con información personal sobre su vida, sus actividades y gustos. En este caso, a diferencia de la plataforma de autor, presentar su vida y su persona – si usted así lo desea - es un elemento positivo ya que genera un sentimiento de cercanía con el potencial autor.. y una excusa para establecer una conversaciones con ello.

Vaya paso a paso, cree unos cinco a diez artículos en un programa de edición de datos, revíselos sin invertir tiempo en exceso; un blog sigue siendo una conversación, y ya sabemos la antipatía que genera una charla preparada. Le recomendamos usar Google Documents, y así podrá editar esos artículos desde cualquier ordenador con acceso a Internet. A continuación le presentamos algunos de las plataformas de blogs más populares:

Blogger

Uno de los sistemas pioneros de la revolución BLOG; Blogger, los famosos "blogspot.com". Este sistema fue adquirido en su momento por el gigante Google, que en aquel momento no era tan gigante, y es tal vez la red de blog más usada. Basta con tener una cuenta del servicio de correo electrónico GMAIL. El sistema es muy sencillo de usar, y existen muchísimas fuentes de información al respecto.

En este caso es importante dedicarle el tiempo necesario a lograr textos adecuados, y la paciencia para esperar los resultados. Más adelante trataremos el tema del SEO (optimización de textos para buscadores) para su presencia web.

Wordpress.com

Es la versión online del poderoso sistema de código abierto Wordpress, que trataremos más adelante. En wordpress encontrará un sistema que a primera vista se presenta algo más complejo que Blogger. Desde el punto de vista práctico son muy similares, siendo Wordpress algo más flexible a la hora de agregar ciertos aspectos "Premium" a la cuenta. La semejanza es tal que no podemos recomendar una sobre el otro... Todo depende de su afinidad con tal o cual servicio o empresa. Aquí le dejamos un artículo relacionado.

Tumblr

El servicio de publicación estrella del año 2011 – Tumblr ha llegado a formar parte del nuevo lenguaje coloquial del mundo virtual; como googlear, twittear (o tuitear).... Tumblear. Es un servicio muy similar a los usuales servicios de blog, pero que guarda un gran énfasis en el diseño. El diseño del portal en si es bastante atractivo, y es muy apreciado por usuarios que desean transmitir imágenes, como fotógrafos, interesados en la moda, en la cocina e ilustradores, además que es bastante sencillo publicar elementos multimedia, y cuentan con una gran cantidad de "plantillas prediseñadas", gratuitas y de pago, que en una par de clics mejorarán la presentación de su Tumblr.

.... Tumblr es recomendable si su público es joven, y especialmente femenino. Igualmente si su obra tiene como fortaleza el diseño, imágenes e ilustraciones... Si es así su preferido y una herramienta vital complementaria será Pinterest.

Pinterest

La estrellas de las red durante el 2012 – e igualmente muy visual. Es un portal donde los usuarios "cuelgan", recomiendan y guardan para posteriores visitas, imágenes de su predilección que han encontrado en la web. Una especie de "foto-blog"... muy poderoso especialmente por la gran presencia femenina en este portal, y la exposición que genera el ser la *red social del 2012*.

Además, estimula a sus visitantes a ver las imágenes colgadas por otros usuarios, generando, en el caso que las imágenes relacionas a su presencia web sean lo suficientemente atractivas, visitantes adicionales.

Independientemente del tipo de obra que ha publicado le recomendamos publicar en Pinterest, al menos la imagen de su portada. Si ha invertido tiempo suficiente en su diseño, seguramente será una fuente de tráfico importante. ***Pinterest***.

Basta con crear una cuenta, pinchar sobre "Add" en la parte superior, insertar uno de los enlaces de su página web o blog – que contenga una imagen, completar la información relacionada con la imagen, y listo.... Más adelante nos enfocaremos en ciertas "maneras" y estrategias para trabajar las redes sociales. Siga con nosotros.

Dominio; no es gratis pero necesario

El modelo de negocios más desarrollado en los años del nacimiento y explosión de los servicios web ha sido el llamado modelo *Freemium,* que combina los términos *free – gratis* con *Premium – Servicio pago.* Usualmente el servicio es gratuito con ciertas limitaciones, que en muchas ocasiones son visibles al público que visita, en este caso, su blog, y existen ciertos servicios adicionales que *esconden* esas limitaciones. En la mayoría de los casos se refiere a publicidad del servicio.

En el caso de los blogs, y de la construcción de su *marca personal*, como autor, no dudamos en recomendarle las opciones gratuitas que le hemos mencionado, sin embargo el elemento más evidente y más inconveniente que presentan es el dominio. Los dominios tienen la forma *dominio.blogspot.com*, *dominio.wordpress.com* así como *dominio.tumblr.com*.

Le recomendamos que la adquisición del ___dominio___ sea la primera inversión que realice, en el momento que cuente con fondos para ello.

Como seleccionar el dominio adecuado

Un *dominio* es la llave de acceso a una página web; el famoso *xxxx.co*m - Hoy es posible el adquirir dominios con terminaciones diferentes al.*com* -de hecho, el año que viene nos sorprenderemos de la cantidad de nuevas terminaciones disponibles en el mercado.

..... pero la terminación es un elemento secundario en la elección del dominio, más allá de otorgarle un carácter regional (si elige la terminación oficial de su país por ejemplo), o como un juego de palabras (*de.icio.us*). El criterio de selección debe ser un poco más estricto en la selección de la palabra o frase que complementa la terminación; el xxxx del xxx.com

- En primer lugar el impacto que representa la selección de su dominio en su presencia en los buscadores. Si su dominio incluye una de las palabras clave que usted ha seleccionado, esas palabras claves que reciben mucho tráfico en la web, su posicionamiento se verá positivamente influenciado. Ver su **presencia en los buscadores** para más información.

-- En caso que usted cuente con una "marca personal" establecida, que su nombre represente el tema - o se encuentra en el proceso de construir esa marca personal - su nombre entra en el juego de posibles dominios.

-- En la selección de dominios ha prevalecido el uso de palabras cortas, originales, fáciles de recordar y sin relación a otros productos; google, yahoo, flickr, twitter. Pero este criterio es válido para productos de "consumo masivo" digital, con grandísimos cifras de tráfico - y con grandes presupuestos. Le recomendamos alejarse de esta tentación.

-- El título de su obra; es una elección excelente, sobre todo si combina el tema que desarrolla y además alguna de sus palabras claves. Por otro lado, este dominio podrá ser usado únicamente para ese libro, siguiendo una estrategia de un dominio por libro; la más recomendable, cuya única limitación sería los costos (1and1ofrece dominios desde 4 dólares) y el tiempo de manejar diferentes páginas web...

--Por último, el uso de símbolos. No se sorprenda si su nombre o título ya ha sido tomado como dominio web. *No caiga en la tentación de seleccionar uno similar incluyendo símbolos*. Si debe incluir un símbolo (como el típico "-") que sea como elemento importante en la definición del dominio, no para diferencia *josegonzalez.com* de *jose-gonzalez.com*. Usted generará tráfico para el josegonzalez.com...

Nuestra recomendación; reserve su nombre (sea *nombreapellido.com* o *nombre.com*, su *sobrenombre.com*). Otra alternativa es la terminación *.info*, en este caso depende de su área de experticia. No es el caso para una novela donde la terminación tiene un aspecto secundario.

Además la reserva del título de su libro, especialmente en el caso de una novela de ficción, de historias o poesía. En el caso de un libro técnico o referido a una técnica o conocimiento específico, más que el título le recomendamos reservar la mejor palabra clave que describa esa técnica. por ejemplo, en caso que desarrollo un tema de psicología o autoayuda, lo ideal sería reservar el nombre del problema (*comomejoromiautoestima.com*) desde el punto de vista del potencial lector, o las soluciones que usted ofrece (*5pasosparamejorarsuautoestima.com*) ....

Presupuesto "menos" limitado

En caso que tenga la disposición de invertir algo de dinero en su proyecto, existen alternativas aún más sencillas de usar, con alternativas adicionales de diseño a cambio de un monto bastante accesible.

En este tema no invertiremos demasiado tiempo, ya que las ofertas de este tipo ofrecen tanta información con el objetivo de vender sus sistemas, que sería ser redundantes. Nos limitaremos a recomendar aquellos servicios que usamos o hemos usado y con los que estamos satisfechos:

- Para adquisición de dominios y servicio de hosting, recomendamos y usamos 1and1

- Existen diversos sistemas de código abierto que puede utilizar como Wordpress, JOOMLAo Drupal. Usted puede adquirir plantilla prediseñadas de gran calidad en TemplateMonster

- Si decide usar el sistema Wordpress en el sistema de hosting, no nos queda más que recomendarle el sistema generador de plantillas PageLines – fabuloso.

- Un sistema de creación de página web, todavía más sencillo que un sistema de blogs – pero recomendable solo si desea crear una página de autor estática, dejando el blog en otra plataforma: JIMDO

- Además, si requiere adquirir fotos para su blog, le podemos recomendar Shutterstock

- Por último los servicios de La eBookeria ;)

Volvemos a lo nuestro...

II: Lleve visitantes a su "casa"

Después de diseñar, decorar y amoblar "su casa" inicia una tercera etapa, contando el desarrollo del libro, en dirección a incrementar la exposición de su obra frente a sus potenciales lectores, aquel grupo de personas de potenciales clientes.

La adquisición de visitantes, debido a la naturaleza electrónica de los libros que ha publicado será desarrollada, en este libro, principalmente en el aspecto web del mercadeo; es el canal de ventas y de comunicación que posee. Eso no quiere decir que no existan tareas "offline", fuera de la red, que puedan ser realizadas, y en un capítulo posterior haremos ciertas recomendaciones e incluso herramientas web que pueden ayudarle a que esos eventos "en la vida real" tengan éxito.

.... Recorreremos tres áreas principales:

SEO – Optimización en buscadores

Redes Sociales – Interacción y posicionamiento

Campañas de publicidad en buscadores y redes sociales

Los primeros dos elemento se pueden definir como la adquisición de tráfico *gratuito*, visitantes a su página web, de autor o a la página donde se presenta su libro electrónico, aunque en nuestra opinión el término *de costo intangible* se presenta algo más adecuado. Es importante el tiempo que debe invertir en estas actividades, los libros que adquirirá para complementar su formación y la energía que consumirá este trabajo.

El tercer elemento es el típico *pago y recibo*; se generan anuncios de texto, imagen e incluso video que son mostrados, en función a ciertas limitaciones que usted como creador de la campaña define (y donde debe invertir más tiempo) a los visitantes de cierta red social o aquellos que buscan información.

Su presencia en los buscadores

Los grandes ganadores de la economía digital, Google a la cabeza, mantienen su liderazgo en función al manejo que hacen de la información y como la presentan. Al visitar un buscador, usted ingresa usualmente una frase, de dos o tres palabras, que usualmente expresan una pregunta; "como hacer un jabón en casa", en el caso que busque información. Si busca la página web de una empresa, un artista o incluso un determinado tema - por ejemplo el muy buscado "sexo" ;) – usted incluye una sola palabra.

Durante la optimización de su página web para los buscadores, usted intenta adelantarse a las búsquedas que realizarán el tipo de usuario objetivo que estará interesado en su libro. Así llegamos a las palabras clave o famosas "keywords".

¿Qué representan las palabras claves (Keywords)?

Una "palabra clave" es aquella frase que una persona ingresa en un buscador web con el objetivo de encontrar enlaces relacionados; sea precios sobre el producto que desea, blogs o contenido interesante, elementos multimedia, música o videos.

Del otro lado del servidor, usted desea que ese usuario que esta buscando cierta información reciba su página como recomendada en la primera pantalla del buscador que le presenta el buscador, y así maximizar las probabilidades que visite su página web. *Solo el 20% de los usuarios de Internet visitan la segunda página de resultados.*

Allí es donde el interés de cada una de las partes se vincula, a través de las *palabras clave.* Para lograr optimizar la ubicación de su página web en los buscadores, debe usted seleccionar esas palabras claves relevantes y que al mismo tiempo cuentan con una buena cantidad de tráfico y así maximizar la cantidad de visitantes.

¿Cómo puedo saber que palabras son relevantes? ¿Y además que tráfico generan?

_No se preocupe, es la dirección de este libro

Las palabras clave deben ser:

- *relevantes* (relacionadas con el tema de su obra),

-        con un *número de visitas* importante (por cada palabra clave, puede usted ver cuantas visitas ha recibido el durante el último mes), lo que no quiere decir que deba elegir las palabras claves más populares, sino las populares dentro de las palabras relevantes, y que al mismo tiempo representen un nicho de mercado

-        redactadas desde el *punto de vista del usuario* que "usa el usuario que busca"; evitar por ejemplo usar su nombre como palabra clave, a menos que sea un autor reconocido

-        evitando aquellas con "*alta competencia*"; posteriormente veremos que el sistema de Google Keywords evalúa las palabras claves en tres (3) niveles, competencia alta, media y baja

-        El llamado "Long-Tail-Keyword-Strategy"; evitar lo general, ir a lo específico.. Vamos paso por paso

La correcta redacción de las palabras clave, y la selección de aquellas que ofrezcan mejores resultados es la base esencial de la optimización de su blog o página web para buscadores, en ingles "SEO", Search Engine Optimization. Tan sencilla su definición como difícil su puesta en práctica. No solo requiere de creatividad y mejora continua, sino de perseverancia, ya que los resultados de cualquier optimización se verán reflejados tres meses (si tres) después de realizados los cambios.

¿Cómo funciona el sistema Google Keyword Tool?

Esta una herramienta gratuita que Google coloca a disposición de cualquier usuario que requiera analizar la relevancia y tráfico relacionado con ciertas palabras claves. La base de la herramienta está vinculada con el sistema pago de publicidad en Google (Adwords) como ayuda a los usuarios en el momento de encontrar aquellas palabras claves más adecuadas para sus campañas de publicidad, pero sus resultados son igualmente valiosos para aquellos que desean optimizar su página web para los diversos buscadores.

Primer paso

La definición de un cierto número de palabras claves a ser evaluadas.

Le ofrecemos una serie de "escenarios" que debe analizar en su realidad, respecto al tema y al tipo de obra que ha escrito, y así descarte los elementos no relevantes y se enfoque en aquellos que le parezcan más importantes

-       Realizando una <u>tormenta de ideas</u> – solo o en grupo – defina las áreas o temas, sean las que sean, relevantes para un lector en relación a su obra. Un lector potencial puede llegar por el tema menos esperado…

- Ejemplo; el aspecto histórico de una novela, que sucede en el siglo XX puede estar relacionada con temas como la gran depresión, las guerras mundiales o la vida Coco Chanel. Igualmente el nombre del personaje puede asemejarse a una actriz famosa de la época, o el título hacer referencia a cierta ave en peligro de extinción.

- Un libro sobre mercadeo de libros electrónicos, además de las áreas obvias, puede ser relevante para un usuario que busca información sobre e-learning, para un emprendedor en la búsqueda de la idea perfecta de negocio o para un pintor en búsqueda de musas en la web.

-       Después de definir todas las posibles áreas o temas generales relevantes, debe colocarse en la piel del usuario que busca información. ¿Qué frase escribiría en el buscador la persona que está buscando información sobre "ideas de negocio en Internet" y que al mismo tiempo tenga cierta relación con su obra?

- "idea de negocio en la web", "idea trabajo como autónomo".. un par de palabras claves de ejemplo

-       El tiempo invertido en la generación de palabras claves debe ser tanto como su disponibilidad se lo permita. Es importante tener un espectro suficiente de palabras clave a evaluar; muchas veces las palabras claves que parecen obvias, al final no representan gran cantidad de tráfico…

Evaluación de los Keywords

Después y durante la definición de las palabras claves, ya que es un proceso de mejora continua, debemos evaluar la calidad de las mismas. Allí es donde el sistema gratuito de Google, el <u>Keyword-Tool</u> es de gran ayuda.

Ilustración 1: Impresión de pantalla Keyword-Tool

En la imagen presentamos las diferentes variables necesarias para la evaluación.

1. Puede insertar una palabra clave por línea en el campo de texto referido

2. o insertar una página web que guarde similitudes con su obra, o su perfil de autor, y que considere merezca la pena de analizar. Así podrá comparar sus palabras claves con las de esa página referida

3. Insertando una categoría es un elemento válido, aunque más relevante en el caso de productos tangibles como ropa o accesorios. Igualmente el sistema le ofrece palabras claves relacionadas, y su evaluación

4. A menos que sienta que sus palabras claves son insuficientes, le recomendamos que marque esa opción, para limitar el número de palabras claves que serán evaluadas. De lo contrario Google le ofrecerá una gran cantidad de palabras adicionales, muy generales en la mayoría de los casos

5. Puede usted seleccionar el país y el idiomas

6. En la opción "Incluir Términos" es posible recibir una evaluación por cada tipo de concordancia; amplia, de frase o exacta

    1. *Fuente Google*: "cuanto más amplia sea la opción de concordancia de palabra clave, más potencial de tráfico tiene dicho término; mientras que si es más limitada, la palabra clave tiene que ser más relevante para la búsqueda del usuario".

El elemento concordancia es de vital importancia a la hora de crear campañas de publicidad online, sin embargo en el caso de la evaluación de palabras clave para optimizar el posicionamiento en buscadores no es de menospreciar. Usted recibirá tres resultados por cada palabra clave, y puede descartar en el caso de que una de las opciones sea visiblemente menor que las otras dos.

7. No olvide pinchar sobre "Ideas para palabra clave". La segunda opción es específica para campañas de publicidad.

8. **NOTA**: Recuerde que no hay problema si la palabra clave incluye mayúsculas o no.

Ahora solo debe pinchar en el botón azul "Buscar" y esperar un par de segundos. En la parte baja podrá ver los resultados.

##

Ilustración 2: Resultados evaluación palabras claves

Como puede ver en la imagen, primero el sistema le ofrece los resultados de las palabras tal cual usted las ha ingresado, línea por línea (número 1). En la segunda parte (*Ideas para palabras clave*), el sistema le recomienda una cantidad de palabras claves, frases que contienen esas palabras claves que usted ha ingresado, y que han recibido visitas el último mes.

Usted puede ordenar las palabras claves en forma ascendente, primero la palabra con mayor número de visitas pinchando en (2). Igualmente el factor *Competencia*; un elemento importante más *no decisivo* en la elección de una palabra clave.

Le recomendamos que se decida por aquellas que tengan un nivel de competencia *Medio* o *Bajo*, ya que representan una opción real para un autor independiente de poder ubicarse en los primeros lugares en los buscadores, invirtiendo menos recursos y por supuesto, asegurando un nivel de tráfico importante.

Una palabra con alto o nivel medio de tráfico y con una competitividad media-baja representan usualmente un nicho; precisamente lo que una pequeña empresa, usted como autor independiente, está buscando. Frases relacionadas con su obra, reflejando el tráfico el interés del público por ese tema, pero con pocos actores que ofrezcan información.

Si su obra *es de connotación regional*, por ejemplo desarrolla temas de la política nacional, o se refiere a eventos históricos regionales debería comparar esas palabras claves con los resultados regionales; (ver Ilustración 1 < opción 5) ajustando la configuración regional.

La estrategia de "Long-tail-keyword"

Después de un análisis general de tráfico y competitividad, descartando un gran número de frases que definió durante tormentas de ideas o de la manera que lo haya logrado, ha llegado el momento de *afilar las flechas;* afinar esas frases o palabras claves y limitar su campo de acción y hacerlas lo más específicas, y por consiguiente, efectivas posible.

.... Apuntar al uso de palabras claves *generales* puede resultar atractivo por que poseen muchas de ella, niveles altos de tráfico e incluso una competitividad aceptable para un autor independiente. Pero al mismo tiempo representan el proverbio *"el que mucho abarca, poco aprieta"*; mucho de ese tráfico, por lo general del término, no está realmente interesado en su obra. Así que gastará recursos en tráfico inadecuado, teniendo como resultado altos *porcentajes de rebote* en sus estadísticas (% de los usuarios que abandonan su página pocos segundos después de su llegada.).

Un ejemplo elemental es por ejemplo una palabra clave general como *"cursos de seo"* frente a una más específica como *"curso de seo para autores"*, o "curso de seo online". Pero el definir una palabra clave tiene tantas variaciones como el lenguaje utilizado, incluso desde el punto de vista regional... así que es importante entender estos consejos y conocimientos, así como tomarse el tiempo debido para *afilar esas flechas,* aunque evitando desgastarlas antes de empezar.

Las palabras claves; ¿y ahora?

Ahora cuentas con una serie de palabras o frases claves, buscadas por una cantidad de usuarios importante, con una competencia manejable.... ¿pero como llevar esos navegantes a mi página web? De la misma manera, con texto.

Allí es donde radica la explosión del uso de blogs, de la redacción digital y la publicidad en la web. Los buscadores le ofrecen a sus usuarios enlaces a aquellos textos, aquellos artículos más relevantes a su búsqueda, comparando las palabras o frase que ha ingresado el usuario con el contenido de esos artículos; allí es donde la combinación entre "redactar para los buscadores" y hacerlo para el lector es esencial para el éxito de su presencia en la web.

Más allá de intentar desarrollar una clase magistral respecto a un tema sencillo, pero que requiere de ciertas bases teóricas y sobre todo tenacidad, resumimos nuestras recomendaciones en una serie de pasos:

1. Escriba mínimo un artículo por cada una de las frases claves.

2. En la medida de lo posible introduzca la frase clave em el título del artículo

3. Igualmente en la *descripción* del artículo, y los *Tags o Etiquetas* (datos que debe ingresar por cada artículo)

4. Escriba el artículo concentrado en la calidad; de nada vale recibir muchos visitantes, si estos huyen desbandados al encontrarse textos debaja calidad o destinados a la venta.

5. Al mismo tiempo, introduzca, sin afectar la calidad del texto esa frase clave en el texto. Los gurús del SEO recomiendan un máximo de 4 a5 repeticiones d ela frase clave, claro relativo a la cantidad de palabras que contenga el texto. *Si usted exagera, puede ser penalizado* por los buscadores, y expulsado por un tiempo

Eso es básicamente el uso que tienen estas frases o palabras claves. Debido a la frase clave se encuentra en enlace, en el título y otros sitios, el artículo gana relevancia frente a un usuario que haya escrito esa frase en el buscador. Esto, conjugado con la calidad del texto que usted ha escrito incrementa las posibilidades que ese visitante forme parte en adelante de su grupo de fans.

En este sentido la calidad vale más que la cantidad; aunque no es dejar de alimentar a los buscadores. Con unos cinco (5) a diez (artículos) puede usted iniciar su despegue. Sáquele el jugo a esas palabras claves, desarrollando textos de calidad... sus visitantes le recomendarán si están satisfechos.

En el proceso de mejora continua, debe seguir probando con nuevas frases claves, *aún más específicas*, y alimentado los buscadores con nuevos artículos. La cantidad de artículos NO mejorará su ubicación, pero si deja de producir textos por un mes por ejemplo, si puede afectar negativamente su ubicación.

En este sentido, puede reescribir ciertos artículos, usando las mismas palabras claves, pero desarrolladas desde otro punto de vista. Usted es un@ escritor@, no creemos que enfrente problemas con ello. Pero si queremos dejar claro que la cantidad de textos no es un factor determinante.

...... este proceso es de mejora continua, y recuerda que las mejoras que lleves a cabo se verán reflejadas en los resultados apenas tres (3) meses después.

Las palabras claves en los meta datos de la página web-blog

Aunque con un efecto cada vez menor, es importante igualmente utilizar ciertas palabras claves para definir su páginas web; los *metadatos*. Así como cada artículo requiere de un título, una descripción y una serie de etiquetas o tags, igualmente puede configurar esta información para la página web en general. Los campos para ingresar esta información los encontrará en la *configuración* principal de su página o blog. Seguramente le fueron solicitados al crear la página, así que solo debe volver a ese sector, y editar la información.

Enlaces entrantes y el uso de las palabras claves

Para finalizar con el uso de las palabras claves para el mercadeo de sus obras y de su marca personal, no podemos olvidar los *enlaces entrantes*; otro de los factores importantes para su ubicación en los buscadores.

Además de comparar la frase ingresada por el usuario frente al contenido de sus artículos, los buscadores miden igualmente la relevancia de sus textos en función a los enlaces entrantes. Si un usuario ha estado satisfecho con su artículo, la *lógica de la web 2.0* dice que esa persona compartirá ese enlace con sus amigos, conocidos (a través de las redes sociales) o a través de su blog, comentando el artículo y colocando un enlace a su página. Los buscadores concluyen; a mayor cantidad de enlaces, mejor la calida del texto y mayor la relevancia.

Esta situación ha generado una industria paralela de comercialización de enlaces (ciertos blos reciben dinero por publicar enlaces a ciertas páginas) o el típico "intercambio de enlaces"; yo publico tu enlace, y tu el mio. PECADO.

Estos ejemplos han disminuido ya que los logaritmos de los buscadores han buscado hacer de ls búsquedas un proceso más transparente, penalizando enlaces "mutuos", aquellos sospechosos de ser comercializados, e incluso, enlaces irrelevantes. Así que, a pesar de la tentación y las ofertas que reciba, *no lo haga*. Si la calidad de sus textos y su perseverancia son suficientes, sus usuarios le ayudarán....

Por supuesto, muchos de ellos no conocen estas posibilidades y no sobra "darles el empujón". Para lograr *enlaces entrantes* le recomendamos dos opciones, eso si, como actividades secundarias:

1. Participación en foros relacionados; los foros son portales exclusivamente para realizar preguntas y donde otros usuarios publican sus respuestas. Siguiendo con el aspecto *generoso* que debe tener un autor, al publicar contenido de calidad, participe de esos foros, ofreciendo respuestas de calidad o presentando su obra literaria, y abiertamente invitando a esos usuarios a visitarle.. y no olvide publicar un enlace al final de su participación.

2. Solicítele a sus usuarios, una vez al trimestre, que publiquen enlaces a su página web en sus blogs, basados en la calidad de sus textos o de las soluciones que ofrece.

En cualquiera de los casos, es importante el efecto de las palabras claves en la creación de estos enlaces. Anteriormente mencionamos la opción de publicar un enlace en lenguaje HTML... en muchos foros usted solo deberá pinchar sobre un botón que refleja los eslabones de una cadena, ingresando tres (3) elementos:

1. El URL del enlace...

2. El texto del enlace; la frase que pasará a ser un enlace activo, usualmente de color azul y subrayada

3. El título; texto que aparece en lugar del enlace en caso de problemas.

Aquí igualmente le mostramos la opción HTML en caso de que no encuentre el botón mencionado.

<a href="http://urldelenlace.com" title="palabra clave" target="_blank">Texto del enlace</a>

.... ¿y las palabras claves? Deben ser parte del texto del enlace y el título. De esta manera, además de ganar un enlace, este está relacionado con las frases claves que hacen de su artículo información relevante para los buscadores. Parece redundante, pero los buscadores son máquinas; y viven del texto.

Si usted crea un enlace, no olvide estos detalles; y si le solicita abiertamente a sus visitantes que publiquen enlaces a su página, ofrézcales esta información.

Después de ir y venir, resaltando lo **clave** de las **claves** (disculpe la redundancia pero el tema lo exige) pasamos a un elemento más novedoso y menos elaborado, pero no por ello menos elaborado; *las redes sociales*.

Mercadeo de libros en la redes sociales

Anualmente se publican en el mercado estadounidense cerca de 600 mil libros anualmente, junto con aquellos libros que son re-editados, y el crecimiento importante del mercado de autores que autopublican sus obras; el público tiene mucho para elegir.

Por ello es tan importante que además de detectar ese nicho de mercado; ese grupo de personas afines al tema de su obra, fuera de los gusto "comunes", use en este caso, las opciones que la dan las redes sociales para interactuar con ello, ubicarles y hacerles saber de una manera sencilla y humilde, de su obra.

Las redes sociales son "sociales"; una nueva forma de comunicarse. La comunicación requiere de mínimo dos entes; un receptor y un emisor de información, que hoy al mismo tiempo "comparte", "tuitea", "me gustea" y ayudándole a hacer "viral" su contenido; un término que hace analogía a la distribución de contenidos frente a la transmisión de un virus.

Las redes sociales requieren de dos tipos de alimentación; sus textos, o enlaces a los mismo como elemento *iniciador* de la conversación (igualmente fotos o ilustraciones, sin son parte de su obra) y en segundo lugar, su participación en la conversación.

Contenido a publicar

Más allá de definir el tipo de información que debe publicar, algo de lo que hemos conversado, queremos referinos a ciertas normas que le recomendamos respetar para usar las redes. La tentación de publicar todo el contenido que posee, e invitar a sus lectores a comprar sus libros es muy grande, pero totalmente destructiva para su marca personal y su presencia digital.

El mercadeo en las redes sociales debe ser flexible y dinámico; respuestas rápidas, contenido interesante, y publicado en intervalos de tiempo determinados.

"Mercadeo en movimiento"

En primer lugar, cada vez que publique un artículo, debe publicar el enlace en cada una de sus redes sociales. Esto permite ofrecer esa información a aquellos que le siguen, y en el mejor de los cosas iniciar un proceso viral o una conversación con los lectores.

Para ellos existen ciertas herramientas que mencionaremos más adelante. Es importante destacar ciertos detalles a tomar en cuenta en este proceso:

1. Intercale la redacción de textos elaborados con información personal en su blog o en sus redes sociales. Esto le ofrece una imagen "terrenal" a su marca

2. Sea respetuoso con sus lectores y colegas. Ser fanfarrón es la peor decisión que puede tomar durante la construcción de su marca personal

3. Intente mantener una frecuencia de publicación constante. Publicar tres artículos o mensajes en redes sociales en dos horas, y dejar de publicar por dos días refleja poca organización y compromiso con sus lectores

4. Comente contenido de otros autores o fuentes, relevante para sus lectores. Ello disminuye el peso de crear contenido continuamente, alimenta su cerebro de ideas y le presenta como un autor tolerante que se interesa por sus lectores más que por sus ingresos. En el ambiente Twitter, nos referimos a "***retuitear***" contenido de otros usuarios...

5. NO envíe mensajes en cadena o en grupo. No caiga en la tentación de escribir un mensaje ofreciendo su libro, y enviárselo a todos sus conocidos. Suena bien, es mal visto. Llegue a ellos con su contenido, sus enlaces, o alguna que otra recomendación personalizada.

¿Con que frecuencia debo publicar? debe ser la duda que tiene en este momento. Una pregunta sin respuesta nominal. La frecuencia que el tema exija, su tiempo le permita, y el necesario para mantener el contacto con sus lectores.

Net-iquette: Cómo comportarse en la red

Las conversaciones, la participación de lectores, intercambio de preguntas y respuestas; la base de las redes sociales. En el tiempo se ha creado una especie de "normas de comportamiento" no oficiales que son importantes respetar:

1. Responda los comentarios de sus usuarios rápidamente

2. Mantenga la ecuanimidad que le exije ser el responsable de la página web y de su cuenta en la redes sociales, además del dominador del tema. La arrogancia en a red será penalizada por sus usuarios

3. No escriba palabras en mayúsculas; se entienden como un "grito" virtual, y en la vida real, el elevar la voz representa agresividad y falta de respeto

4. No intente regular la participación de sus usuarios con reglas superficiales, eso si, siendo estricto en el respeto a otros usuarios y en la moderación adecuada de la conversación

5. Evite discusiones...

6. Recuerde, *"la mejor forma de vender un libro es vendiendo el autor"*

Como usar las redes sociales; plataforma por plataforma

explicar datos de cada red, pgear la pagina, poner aplicaciones etc..

Facebook

Su estrategia en Facebook debe estar basada en la creación de una *"página de fans"*. Esto le permite publicar, conversar con sus usuarios y ganar adeptos sin mostrar su perfil privado. Visite este enlace y a la derecha encontrará la opción para crea una página de fans.

Es importante mantener su privacidad frente a sus lectores; ser auténtico no significa de deban conocer a su familia. Las páginas de fans han cambiado mucho en los últimos meses, pero son muy fáciles de usar y el sistema le ofrece videos tutoriales.

Twitter

La plataforma Twitter reduce el uso de las redes sociales a mensaje cortos de un máximo de 140 caracteres. Es aún más sencillo de usar que Facebook u otras redes sociales. Es importante para publicar nuevos artículos y conversar con sus lectores.

Nuestra cuenta http://twitter.com/laebookeria

Google +

Una red social con un peso cada vez mayor, sobre todo por la conexión entre la publicación en la red y los efectos positivos en la ubicación en los buscadores de su contenido. Es la estrategia de Google basada en su presencia como el buscador más popular.

Nuestra página de Google+ la encontrarás en este enlace. De la misma manera que las páginas de Facebook, mantiene la anonimidad del autor, y su funcionamiento es similar. Solo le recomendamos adicionalmente, "enlazar" su blog o página web a su perfil en google+. Esto lo encontrarás en "información", donde verá paso a paso el proceso que debe realizar.

explica como??

Linkedin

La red social de los profesionales; una de las más importantes en caso que su perfil de autor y el de su obra se dirijan a profesionales de la economía, ventas, consultoría; profesionales académicos. La versión gratuita de LinkedIn es suficiente para utilizarla como un complemento para su plataforma de autor.

Es importante que al crear su cuenta, no deje para más tarde el completar el perfil; es muy contraproducente ver un perfil de LinkedIn vacío, deja mucho que desear de su profesionalismo. Cree su cuenta en el momento que disponga de tiempo.

Herramientas que le simplificarán el trabajo

Con la proliferación de las redes sociales, su desarrollo y su importancia para el mercadeo de libros eléctricos, por ejemplo, existen aplicaciones que permiten automatizar y simplificar el trabajo de publicación e interacción con sus lectores.

El mercadeo ha generado decenas de aplicaciones especializadas en ciertas redes sociales, como aquellas que cubren las más populares. Nosotros le recomendaremos la herramienta que usamos y con las que estamos juy satisfechos; Hootsuite.

Hootsuite

Tal vez la herramienta más popular en su mercado. Su uso es muy sencillo, permite manejar hasta cinco (5) cuentas en redes sociales de manera gratuita, y un número ilimitado a cambio de 5,99 dólare mensuales; un monto irrisorio si lo comparamos con las ventajas que ofrece.

Es posible, junto con la ayuda de una tabla de Excel o un editor d textos, el programas hasta 50 mensajes de pocos minutos. Igualmente puede ver en una pantalla todas sus cuentas, enviar un mensaje, responder una conversación o demostrar su aprecio por algún artículo publicado

El sistema Hootsuite, como sus competidores permiten a través de su interfaz, trabajar con todas las redes sociales en las que esté registrado, y además automatizar y programar la publicación de mensajes. Vale la pena...

Por último le permite, a través de los RSS de su blog o página web, automatizar la publicación d eun mensaje, en cualquier de sus redes sociales, en el momento que uno de sus artículos haya sido publicado. Usted no debe mover un dedo. Para ello visite "*configuración>RSS*" para más detalles.

Hasta aquí han llegado las opciones "gratuitas" o de bajo costo en el mundo virtual del mercadeo de sus libros electrónicos.

Para cerrar el aspecto orgánico de las redes sociales, le mostramos una serie de pasos mínimos con los que puede iniciar su rutina diaria de mercadeo en línea, usando el sistema recomendado, Hootsuite:

1. Visite cada una de sus cuentas (divididas en "pestañas" en este sistema) y pinche en "me gusta", +1 o "retweet" en algunos de sus artículos publicados automáticamente, así como en aquellos publicados por sus contactos. Nota: uno o dos artículos cada media hora es una frecuencia sana.

2. Responda aquellos comentarios recibidos por los lectores de sus artículos.

3. Publique algún mensaje, espontáneo, intentando comunicarse con sus lectores o iniciar una conversación con ellos. Le recomendamos que publique máximo un mensaje diario.

4. Responda los mensajes directos que posiblemente le hayan enviado sus contactos, específicamente en sus cuentas de Twitter

5. NO exagere su participación en la red…. Las redes sociales son como su nombre lo dice "sociales", interacción de seres humanos. Si durante una conversación usted interrumpe constantemente, eleva la voz intentando poner su ritmo en la conversación, no creo que conserve sus amistades… en las redes sociales funciona el mismo principio.

Hasta aquí nos lleva la búsqueda de visitantes a su "casa" de manera orgánica; sea por los buscadores o por las redes sociales. Mientras su página web logra ubicarse en las primeras páginas de los buscadores, una opción adicional la representa el contratar publicidad en estos sistemas (SEM – Search Engine Marketing) así como en las redes sociales… requiere de presupuesto para ello, pero sigue siendo una alternativa de bejo costo; si lo hace de la manera correcta.

Campañas de publicidad en buscadores y redes sociales

Realmente, la gran fuente de ingresos que ha hecho de Google la empresa gigante que es hoy en día; la popularidad de su buscador, y lo efectivo que resulta la publicidad en él. Las páginas que los buscadores le ofrecen como resultados recomendados son aquellas más relevantes a la búsqueda que ha iniciado; su ubicación depende de su optimización, elemento que **tratamos un poco antes.**

Por supuesto, este modelo ha servido de base para el negocio de las redes sociales, igualmente basadas en su popularidad. Lo importante de este modelo de publicidad en buscadores y redes sociales es que es de *bajo costo*, y basado en su *efectividad*; el que publicita paga por cada clic realizado, montos bastante bajos, que aunque dependen de la oferta y demanda, en promedio representan 0,2 -1 dólar estadounidense.

SEM – Publicidad en buscadores

Google domina el uso de buscadores totalmente; son líderes del mercado con cerca de 80% de participación. Sin embargo existe la posibilidad de invertir en un buscador como Bing.com, de la empresa Microsoft, sobre todo debido a que los sistemas son muy similares.

Para crear una campaña de publicidad en buscadores en Google debe visitar la página del sistema Adwords; http://adwords.google.com. Solo basta con iniciar su sesión son su cuenta de gmail. Si es la primera vez que utiliza Adwords, el sistema le llevará paso a paso a crear su primera campaña. De todas maneras aquí le damos algunas señas.

Estructura de las campañas

En primer lugar debe crear una **campaña**, segmento más general en el manejo de la publicidad de Adwords, sobre el cual pueden configurarse las características básicas de la publicidad; el presupuesto máximo que usted desea invertir por campaña, los países, regiones o ciudades así como el idioma del público al que se deben presentar los anuncios así como el monto máximo que desea pagar por clic.

Esto lo mencionamos ya que a pesar de que existen segmentos más específicos en la estructura de una campaña de mercadeo en Google Adwords, estas características mencionadas SOLO pueden ser configuradas por campaña. Si desea por ejemplo, presentar anuncios en español y en inglés, debe crear una campaña diferente, y poder así limitar la publicación de sus anuncios por paises.

Si no lo hace, recibirá muchos clic poco relevantes (por ejemplo, visitantes que solo por curiosidad en el idioma pinchen sobre su anuncio) lo que elevará los costos de su campaña y dismuirán su eficiencia.

1. Para crear una campaña pinche en la parte superior izquierda "Campañas" y después en la parte media "Nueva campaña".

Iniciamos con esta advertencia ya que el segundo segmento jerárquico en una campaña de adwords son los "***grupos de anuncios***"; diferentes versiones de sus anuncios, sean de texto, imágenes o video, que serán mostrados cumpliendo con las características de la campaña. En el país mencionado, por el costo por clic y los países que ha definido. Para muchos principiantes esta diferencia no es obvia, y dividen por ejemplo, y crean un grupo de anuncios en castellano y uno en inglés; error, si ha definido por ejemplo la región española como el objetivo de sus anuncios. Y si cambia la configuración de la campaña a **todo el mundo**, por ejemplo, la eficiencia de sus anuncios disminuirá.

...... en resumen es importante definir adecuadamente las campañas, en base principalmente al idioma y la región donde deben ser presentados los anuncios, el límite de su presupuesto, el costo por clic que desea aceptar. Especialmente importante desea crear anuncios en varios idiomas, desea publicitar varios productos (una campaña por producto), o si desea invertir un presupuesto mayor en anuncios de texto frente a sus anuncios de video, por ejemplo.

Ilustración 3: Google Adwords

Como debe ser obvio a estas alturas, el segundo paso es crear un ***grupo de anuncios,*** un criterio de división entre los diferentes anuncios que tenga en mente. El criterio para crear los grupos de anuncios debe estar basado en:

- Diferentes productos.. ha creado una campaña "en castellano" y divide sus productos por cada ***grupo de anuncios***

- el mensaje que transmite el ***grupo de anuncios*** - ejemplo

  - un grupo de anuncios realiza preguntas "¿Sabía usted que la depresión...."

- En un segundo grupo los anuncios ofrecen soluciones "Mejore su estado de ánimo en …"

- o en función a las ***palabras claves, ¿las recuerda?*** Desempolve el análisis de palabras claves que ha realizado, y use esas palabras claves.Si desea usar similares anuncios, pero con unas ***palabras claves*** que refieran a diferentes temas, es igualmente una posibilidad.

Palabras claves

Este último uso de los ***grupos de anuncios*** se basa en la condición de publicación de los anuncios. Los anuncios son publicados en la derecha y superior de la página de resultados de un buscador. El criterio de publicación de esos anuncios, la razón por la que se publican esos y no otros es sencilla; *las palabras claves definidas* por los anunciantes relacionadas con lo que busca el usuario en el buscador, y *el precio por clic* que ofrece el anunciante.

Allí tomamos el tercer elemento de una campaña que son sus ***palabras claves;*** tema **desarrollado anteriormente** en este libro, y el método de análisis y selección es exactamente el mismo, usando las mismas herramientas. La única diferencia es que usted puede en este sistema, aceptar un precio máximo por cada clic por palabra, y así limitar sus riesgos.

El sistema le propone un precio, si este está por debajo del requerido para que su anuncio aparezca en la primera página de los buscadores… usted decide si desea pagar más.

NOTA: si ha logrado que sus artículos se ubiquen en las primeras páginas de los buscadores, basado en la optimización de las palabras claves, es el momento de eliminar esas palabras claves de las campañas de publicidad. No necesita pagar por publicidad, si los usuarios reciben su página recomendada gratuitamente.

Palabras claves negativas

Al mismo tiempo que usted puede definir ***palabras claves*** con las que desea que su producto se vea relacionado, existe igualmente la posibilidad de informarle al sistema de aquellas palabras con las que NO desea ser relacionado, evitando que sus anuncios aparezcan relacionados con temas eróticos, por ejemplo, si así lo desea.

Es importante definir aquellos temas que por condiciones del lenguaje son similares al tema que usted desarrola, pero que al mismo tiempo no ayudan a su marca. Un ejemplo puede ser "*coaching de parejas*", que puede verse relacionado con "sexo en parejas", o "fotos sexo parejas", por la relación con la última palabra de la frase. Al usted definir "sexo" como una palabra negativa, ese malentendido no sucederá.

Otras configuraciones

El sistema le solicitará por supuesto datos de pago e información personal. Los costos le serán facturados mensualmente. Además, el sistema de Google Adwords se desarrolla constantemente y existen muchas nuevas aplicaciones. Con estas recomendaciones usted podrá crear su primera campaña en Adwords, y poco a poco ir experimentando las nuevas características de este sistema.

Igualmente, no olvide mantenerse en contacto con LaeBooekeria y su Twitter

Facebook ads

Más allá del uso de las páginas de fans de Facebook, y su poder viral, existe igualmente la opción de "ayudarse" y adqurir más fans, o simplemente llevar mayor cantidad de tráfico a su página web. Si, en este caso, los Facebook Ads permiten dos opciones; que los usuarios al pinchar sobre su anuncio vayan a una página web que usted defina (como Google Adwords) o que se conviertan en Fans de su *página de fans* en Facebook.

La ventaja de esta segunda opción es que el usuario automáticamente formará parte de su página, y recibirá los mensajes que usted publique en su muro de Facebook. Todo depende de su estrategia. Usted encontrará la opción Facebook Ads en la parte izquierda de su perfil de Facebook, sobre la opción "*Páginas*" o en el pie de página del portal.

Este sistema funciona de manera similar a Google Adwords, pero en un nivel de desarrollo mucho menor. Sin embargo, debe usted crear primero un anuncio (en la parte derecha superior de la página de Facebook Ads), definiendo la página que desea promocionar, y las características del público objetivo (región, edad, intereses) basadas en los datos que Facebook le solicita para su perfil

Le recomendamos que solo defina la región, y tal vez la edad. La mayir cantidad de usuarios de Facebook no completa su perfil adecuadamente. Al final debe usted definir esa nueva campaña, que solo limita el presupuesto (sea diario o mensual) y la fecha de inicio y final de la campaña, el tiempo durante el cual usted desea que los anuncios sean publicados. Como verá, es un criterio bastante general.

Le recomendamos en primer lugar usar su página de fans de Facebook como página web objetivo de sus anuncios. Usted verá en tiempo real cuantos nuevos fans tiene, y asegura que se mantengan en contacto con usted. En segundo lugar, limite el presupuesto, la efectividad de los anuncios en Facebook es un misterio, y nuestra experiencia ha sido regular. En tercer lugar, Facebook es la plataforma más recomendable en caso que sus obras estén dirigidas a un público joven, sin embargo en general, el público Facebook es de bajos ingresos.

Por último, la ventaja de los anuncios en Facebook es el poder usar una imagen... Explote esa posibilidad, y pruebe los resultados frente a las otras plataformas. El uso de estos anuncios es muy útil *para lograr llevar el número de fans de cero a un número respetable*. Una página de fans de Facebook con un número bajo de contactos es contraproducente.

Linkedin ads

La red social de los profesionales; el Facebook de los adultos profesionales. Si no la conoces, no espere más tiempo; es una plataforma ideal para complementar la construcción de su marca personal, con un público crítico y maduro, y por supuesto, es necesario registrarse para crear los anuncios.

Los anuncios en **Linkedin** son en relación a los mencionados anteriormente mucho más costosos, y un sistema aún menos flexible que el sistema de Facebook. Nos referimos al uso de palabras claves, o diferentes grupos de anuncios. Es posible crear **grupos de anuncios** que en este caso son llamadas **Campañas**; puede definir la región donde deben ser publicados los anuncios, el presupuesto y las características de los usuarios que deben ver los anuncios (edad, formación, género, títulos académicos).

En la plataforma LinkedIn los usuarios, debido a que para muchos es una carta de presentación para potenciales clientes y empleadores, SI completan su perfil totalmente, por lo que es muy útil el usar estas configuraciones que el sistema LinkedIn ofrece.

En esta plataforma usted puede definir un *pago por clic*, o por *mil impresiones* (CPM), le recomendamos el pago por clic, ya que se asegura que pagará solo por aquello contactos que llegaron ala página web que usted a definido. Sin embargo, como se habrá dado cuenta, los precios son muy superiores a la plataforma Google Adwords por ejemplo.

Un elemento único de esta plataforma es la opción "Lead collection" (un elemento negativo, toda la interfaz está en inglés). Esta opción "lead collection" le permite recibir información de contacto de aquel usuario que ha pinchado su anuncio, minimizando la probabilidad de que este visite su página y no inicie contacto alguno.

Inicie una campaña en LinkedIn si realmente el público objetivo es el adecuado, si trabaja en áreas técnicas u ofrece por ejemplo *Coaching* de vida para profesionales, por decir un ejemplo. Si usted tiene como objetivo un público con formación media, LinkedIn no es la mejor opción.

Afiliados

Por último la opción "***afiliados***"; ofrecer una comisión a aquellos usuarios que, llevando visitantes a la página de sus libros, hayan generado ventas. Esta industria ha crecido exponencialmente con el desarrollo dela Internet. Mucha de la publicidad en páginas y blogs que usted ve son banners que le generan ingresos al editor de ese portal únicamente cuando usted pinche sobre él, y adquiera un producto en la página destino.

Un sistema bastante complicado, que usualmente requiere una inversión importante ya que el riesgo de implantar un sistema de baja calidad es obvio; el pagar comisiones que por venta que no existen un ejemplo.

El mejor sistema de afiliados para pequeños editores y empresa es ClickBank. Este sistema le permite "ofrecer" su libro electrónico a millones de afiliados. Estos afiliados reciben una comisión por cada venta que se realice a través de sus páginas. El sistema de ClickBank se ocupa de toda la parte técnica, (la creación de enlaces, el seguimiento, estadísticas; un sistema bastante desarrollado) a cambio de un bajo monto de "puesta en marcha".

Es una opción que le recomendamos evaluar en el momento que tenga establecido su estrategia y haya iniciado su trabajo en la red, como opción complementaria ya que basta con subir los datos de su libro electrónico, y ClickBank se encargará de motivar a sus afiliados a promover su libro electrónico.

III: Mantenga el contacto con esos amigos

Después de decorar y hacer de su casa un entorno agradable para sus visitantes, de explicarles el camino y dejar pistas para que lleguen a ella, de estar presente en todos los grupos críticos que tratan su tema... y a elevado la cantidad de visitantes a esa "casa" sería un error no mantener el contacto con ellos.

Somos muchos los que, visitando una página que nos interesa, olvidamos tomar nota de la misma, o simplemente no estamos acostumbrados a ello, envíamos un email con la esperanza de recordar ese enlace, pero... no tenemos suerte siempre.

Todo el trabajo que ha invertido perderá valor, será menos eficiente si no piensa en como mantener el contacto con esos visitantes, esos nuevos amigos, después que han llegado a su página web. A continuación le presentamos distintas alternativas y estrategias para no olvidar a esos nuevos amigos, en el camino a convertirse en un autor exitoso.

Alternativas "gratuitas"

Siempre que mencionamos la palabra "*gratuita*", nos referimos a aquellos servicios o herramientas que no exigen un pago directo, pero sigue existiendo un factor coste que es su tiempo. La mejor estrategia es la de balancear los resultados que cada herramienta le ofrece y el tiempo a invertir en ella.

Tomando las alternativas de *presencia web* que hemos mencionado, estás son algunas opciones para asegurar que ese visitante tenga la información sobre su página y que usted pueda hacerle llegar cierta información sobre sus obras.

Blogging

Las plataformas gratuitas de blogging que **mencionamos anteriormente** ofrecen, casi en su totalidad, la opción "seguir" a todos sus visitantes. Eso es simplemente un botón, que le permite al usuario visitante (si está registrado en esa plataforma) el recibir alertas en el momento que usted publique nuevos artículos.

Su limitación; no todos sus visitantes estarán registrados en tal o cual plataforma. Así que debe complementar esa opción.

Impacto

- El visitante verá en su *Dashboard* o pantalla de inicio las últimas publicaciones de todos los blogs que ha marcado como *interesantes* (seguir)

- Es cuestión de suerte, si ese usuario se toma el tiempo de revisar una buena cantidad de publicaciones, o si casualmente coincide el momento de su publicación con la presencia de ese usuario en la plataforma...

- Si ese usuario le ha gustado su publicación muy probablemente *reenviará* a sus contactos; el mejor escenario posible. Es la ventaja principal de esta opción

Newsletter

Los boletines electrónicos, para muchos pasados de moda, para otros, la herramienta más valiosa del mercadeo directo; si se usa adecuadamente. Más allá de explicarle su funcionamiento basta con que respete dos reglas básicas:;

- No envíe correo no deseado...

- Esmérese en ofrecerle a sus lectores información interesante cada vez que envíe un boletín

En el segundo de los casos se presenta un problema al utilizar las opciones gratuitas; Feedburner.com por ejemplo, un sistema fabuloso, gratuito y muy aceptado, pero que no permite gran libertad de edición de los boletines. Estos son enviados automáticamente en un intervalo de tiempo definido por usted, informando a sus seguidores sobre nuevo contenido publicado.

Redes sociales

La opción más en boga, realmente sencilla de implantar y bastante efectiva. Basta con invitar a sus usarios al final de cada uno de sus artículos a seguirle en su cuenta de Twitter, Facebook o GooglePlus. Estos usuarios verán cada una de sus nuevas publicaciones en su muro, sin mensajes molestos, pero la probabilidad que estos usuarios léan ese contenido baja considerablemente.

Alternativas "de pago"

Existen por supuesto una gran cantidad de servicios profesionales, que prometen milagros, *"generan millones en ventas"* y le harán ser multimillonario. No crea nada de ello. El construir su marca personal, el hacer conocer sus obras requiere de mucha perserverancia, pero es cierto que ciertos servicios profesionales son fabulosos, le ayudarán con mucho menos esfuerzo, lograr las metas deseadas, que en este caso serán el mantener contacto con esos visitantes que no han adquirido sus libros a la primera visita y por consiguiente aumentar las probabilidad de compra en el futuro cercano.

Como hemos venido desarrollando en este libro, solo recomendamos aquellos servicios que hemos usado y que estamos seguros que cumplen lo que ofrecen sin duda alguna. En este caso, le recomendaremos el sistema AWeber de publicación de boletines electrónicos.

Este sistema permite trabajar como el mencionado *Feedburner*, creando automáticamente los boletines en función a sus nuevas publicaciones, pero le ofrece una gran flexibilidad de diseño, manejo de los suscriptores, innovadoras opciones para crear formularios de suscripción (donde sus usuarios deben dejar sus datos de contacto), entre otros.

Además ofrecen una gran cantidad de material relacionado con el *"arte"* del envío de correos electrónicos y el uso de su sistema. No olvide nuestra asesoria gratuita en LaeBookeria.com.

IV: Desarrolle su estrategia de mercadeo

Despúes de conocer con detlle el potencial de cada herramienta, cada opción que tiene.....

buscar articulo.. crear estrategia.. tipo de libro.. análisis del cliete.. encuesta?? leanpb??? sondeode linkedin facebook??? nalisis de su lector ojetivo, fortalezeas debilidades... crear un perfil de su lector...

despues, ver como contactar a ese lector.. tipo de red,facebook, tipo uso de la red,profesión.... perfil...

ojo, desarrollo de su marca personal... intriducción, recomendar otros libros...

V: Actividades offline – El e-book desconectado

Independientemente de la disposición de canales de ventas 100 por ciento digitales, que muchos de sus lectores dispondrán de su obra en sus dispositivos móviles, ordenadores y tabletas, y que su campaña de mercadeo se basará principalmente en usar las posibilidades que le ofrece la Internet, no debe olvidar que una gran cantidad de la población usa el ordenador para tareas específicas (escribir un documento por ejemplo), no posee smartphones o tabletas (especialmente en los países de habla hispana) con una presencia aún menor de los lectores electrónicos como el Kindle o el Sony Reader.

Sin querer redefinir su plan de mercadeo proponiendo otro mercadeo objetivo, que claramente no es principalmente esa parte de la población *desconectada* es importante que no olvide que somos seres humanos, seres sociales, y quela Internet es un invento muy reciente.

Sea con el objetivo de llegar a aquellos potenciales lectores que no usan la Internetcon la avidez que esperamos, pero que igualmente pueden adquirir su obra y leerla en su ordenador o en algún Internet Café usando las aplicaciones gratuitas de Kindle, o simplemente el de *explotar* ese aspecto social del ser humano, y presentarse como un autor de *carne y hueso*, que en este mundo virtual cada vez está más presente, le recomendamos algunas actividades *offline* que puede realizar, y así lograr adquirir aún más potenciales lectores e igualmente mantener la fidelidad de aquellos fanáticos de su obra.

Sesiones de lectura

Una de las actividades más tradicionales y frecuentes en el mundo literario, Independientemente de la naturaleza de su obra, el tema que desarrolle, ficción o no-ficción, la presencia del autor, compartiendo ciertos párrafos de su obra, o compartiendo un seminario sobre sus teorías deja, en el mejor de los escenarios, una buena impresión en aquellos interesados por su obra, y aumenta las probabilidades de compra. No queremos descubrir el *agua tibia,* pero si estimularle a desarrollar estas actividades, usando igualmente herramientas de la web para organizar estos eventos.

Más allá usar la red para encontrar el sitio ideal para su sesión (una librería es usualmente el sitio ideal), así como la organización de algunos aperitivos o bebidas, la red le permite convocar a sus contactos, y maximizar el efecto viral, para asegurar una buena asistencia.

En este caso valen tres (3) recomendaciones:

- La herramienta de eventos de su **página de Facebook**. Le permite crear un evento, con fecha, ubicación y descripción, que puede ser enviada a todos sus contactos, y permitiéndole a ellos reenviar la misma. Basta con ir al campo de texto donde publicas nuevo contenido, y seleccionar "*Evento*" …. La misma opción está disponible en las páginas de **GooglePlus**.

- Si ha publicado en el sistema <u>Amazon Kindle</u>, (ver nuestro libro *Publique en Amazon),* cuenta con la misma herramienta en su <u>página de autor del sistema amazon</u>. El mismo será publicado en esta página de autor, y podrá incluirlo en un artículo informativo sobre el evento en su blog o Twitter.

- El sistema <u>amiando</u>, servicio web que permite organizar todo el proceso de adquisición, invitación y vínculo con sus redes sociales. Es un sistema desarrollado para todo tipo de eventos, incluyendo sistemas de pago (si usted desea realizar un seminario por ejemplo). Una alternativa útil por que cuenta con una versión gratuita (para eventos sin costo) y deduce una comisión sobre el precio de venta para aquellos eventos de costo.

Oferta de cursos presenciales

Analice sus competencias principales; para empezar, ha escrito un libro así que un seminario sobre "*como escribir un libro*" no está fuera de su alcance. "*Como mercadear su libro*", "*La poesía es la sonrisa del corazón*", "*Marca personal; establezca su persona*". En este caso los ingresos del curso pasan a un segundo plano; la adquisición de potenciales lectores es la prioridad.

Muchas librerías, organizaciones sociales y consultoras académicas requieren de contenido para sus eventos. Aproveche esas oportunidades, utilizando las **herramientas antes mencionadas**.

Oferta de cursos online

Aunque nos encontramos conversando sobre las opciones *offline* del mercadeo de sus obras, no queremos dejar pasar la oportunidad de recomendarle llevar esos cursos, seminarios o sesiones de lectura presenciales, sea en video o como parte de una presentación, a usuarios online. Ese contenido que ha generado durante ese evento puede ser de gran utilidad, especialmente si representa nuevo conocimiento para el usuario; un curso por ejemplo.

- Le recomendamos los sistemas Edudip y Udemy como alternativas sencillas de publicación y comercialización de sus cursos en línea

- Emagister como un sistema de publicidad, especializado en cursos en línea

- Haz pública esa presentación que preparaste para el curso presencial en Slideshare o Prezi. Es un tráfico interesante...

- Publica el video de ese curso en Youtube o Vimeo

- Use los enlaces creados como contenido para su blog, informando a sus contactos sobre las nuevas alternativas que ha creado para ellos

Ferias del libro;

La industria de las ferias y congresos vive de sus visitantes y los expertos. Invierta tiempo y recursos en visitar eventos relacionados con el área que desarrolla en su obra, hable personalmente con otros expertos o el público en general. Es la oportunidad de demostrar su creatividad y la seguridad que tienen en su proyecto.

En este caso, si su presupuesto y su estrategia se lo permite, es posible que sea relevante el imprimir cierto material promocional como tarjetas de presentación, trípticos e incluso camisetas promocionales. Nuestra recomendación; **CafePress** y Spreadshirt (si están disponibles en su país). Es la posibilidad de *crear una red* en la vida real.

Cámaras de industriales, grupos de arte

La participación como miembro, invitado o visitante de cualquier organización en su región, relacionadad con el tema que desarrolla en su obra, es de gran ayuda para iniciar su red *offline*. No solo puede ofrecerles su participación como instructor en un seminario, o el desarrollo de una sesión de lectura, sino que conocerá otros expertos en el área, contactos que pueden generar sinergias positivas o simplemente ampliar su grupo de amigos y potenciales lectores.

El llevar la iniciativa, hablar con personas sobre su proyecto, sobre su obra es algo que para muchos representa la tarea más difícil, sobre todo encontrar el tono perfecto entre la *publicidad*, la *humildad* y el *mostrar sus competencias*. Sin embargo es necesario y para mejorar no vale más que intentarlo.

Notas de prensa; periodistas y blogueros

Una alternativa mixta es la creación y envío de notas de prensa a periodistas y blogueros relevantes para su obra. Una *nota de prensa* es una herramienta muy tradicional del periodismo, donde una empresa, persona pública o ente social presenta su punto de vista o da a conocer nueva información al mundo periodístico.

Muchas veces habrá leído la *posición oficial* de un cantante determinado sobre ciertos rumores, o el punto de vista del gobernador referente a un nuevo proyecto de infraestructura. Usualmente es redactado un comunicado, bajo todas las normas tradicionales, que presentan la información en un orden determinado y bajo un lenguaje bastante formal.

A pesar que los blogueros representan los alternativos y muchas veces *rebeldes del periodismo*, es importante que intente escribir una nota de prensa bajo los criterios tradicionales, o contrate a un profesional para su desarrollo. No es una tarea difícil, pero si comete algún error será muy castigado. Presente en esa nota de prensa su obra, intentando despetar el interés en esos periodistas que la recibirán, esperando aque alguno de ellos adquiera su libro (o le solicite una copia gratuita) para escribir una reseña sobre el mismo; el objetivo final de todo trabajo de medios.

- Incluya una portada donde presenta brevemente el libro y su persona

- Una foto de la portada del libro e igualmente de usted como autor
- Tal vez un detalle personal

Impresión-bajo-demanda; nada que ver con tribunales

Por último, la opción offline por excelencia; la presentación de libro en forma impresa. Todas las activiades, recomendaciones y estrategias que hemos presentado en este libro son aplicables a la promoción de us obra independientemente del formato en el que desea llevarlo a su público. Es cierto que LaeBookeria le da prioridad a la versión electrónica, por cuestiones de consumo sustentable y por el desarrollo de este nuevo mercado, pero paralelamente se ha desarrolado, igualmente de la mano de Amazon, una nueva alternativa; la impresión bajo demanda de libros.

Esto le permite a un autor como usted, que ha tomado la comercialización de sus obras por su cuenta la posibilidad de llevar una versión impresa de sus obras a sus lectores, sin inversión previa. Con estos sistemas como CreateSpace, Lulu o Bubok le permiten configurar su libro en el sistema, listos para imprimir. La diferencia; el libro será impreso solo cuando sea adquirido por algún lector. No debe usted pagar impresiones por su cuenta, y el riesgo de pérdida es mucho menor.

La configuración es bastante sencilla, estas empresas invierten tiempo y recursos en crear fácil de usar; su negocio es publicar la mayor cantidad de libros. Sin embargo, le invitamos a que evalúe esta opción como un complemento a la versión electrónica. Si no desea invertir en la impresión de sus libros, para la comercialización en librerías, usted solo obtendrá de estos sistemas un enlace a la página de compra de su libro; muy similar a la versión electrónica.

Este tema lo iremos desarrollando con más profundidad en LaeBookeria.com.

VI: Conclusiones

El iniciar un proyecto, escribir ideas, investigar sobre posibles temas son el inicio de una bella travesía en dirección a un objetivo, el hacer ese proyecto realidad. Pero por otro lado es solo eso; el comienzo.

Ese viaje le enfrentará a barreras físicas (la energía que debe invertir), psicológicas (la necesidad de ser creativo) y de recursos (ese preciado intangible, el tiempo). Son etapas ineludibles que le formarán como autor y como publicista profesional, por que al tomar las riendas de su proyecto y publicar sus obras de manera independiente se ha convertido en publicista, con todas las responsabilidad inherentes, con menos recursos de inversión, menos experiencia pero con una gran ventaja; la pasión de llevar sus obras a ese público que tanto ha soñado.

El proyecto La eBookeria no solo es una fuente de consejos e información a través de su blog, de servicios complementarios (diseño de portada o mercadeo en buscadores, entre otros) o incluso el ser una editorial digital que apoya a un grupo de autores semi-independientes; ha desarrollado una serie de libros para compartir ese conocimiento en un formato más estructurado y compacto, accesible para todos los visitantes de La eBookeria.

Siga estos consejos en forma lineal; es la mejor manera de ponerlos en práctica y asegurar que no ha perdido ninguna opción. Es importante que se tome el tiempo de crear su imagen. No sabemos como desea presentarse a su público, el tema de sus obras o sus fortalezas, solo podemos advertirle y aconsejarle que herramientas usar, que aspectos debe afinar y los canales disponibles. Pero su toque personal, ese ser "auténtico" queda de su parte.

No dude en contactar a La eBookeria si tiene dudas o desea una opinión profesional; y son olvide seguirnos y recomendarnos a través de Twitter, Facebook, GooglePlus o Tuenti. *¡Le damos la bienvenida a su sueño!*

La eBookeria – Libros electrónicos recién horneados

http://laebookeria.com

http://twitter.com/laebookeria

La eBookeria – Proyecto de SEOistas.com

Berlín, Alemania

www.ingramcontent.com/pod-product-compliance
Lightning Source LLC
Chambersburg PA
CBHW051224170526
45166CB00005B/2038